Ein Frühlingstag
mit Rainer Maria Rilke

Ein Frühlingstag mit Rainer Maria Rilke

Reclam

RECLAMS UNIVERSAL-BIBLIOTHEK Nr. 14485
2024 Philipp Reclam jun. Verlag GmbH,
Siemensstraße 32, 71254 Ditzingen
info@reclam.de
Umschlaggestaltung: zero-media.net
Umschlagabbildung: FinePic ®
Abbildung S. 6: imago images / VIG
Schmuckelemente: © shutterstock / Astro Ann, Maslova Yulia
Druck und Bindung: Elanders Waiblingen GmbH,
Anton-Schmidt-Straße 15, 71332 Waiblingen
Printed in Germany 2025
RECLAM, UNIVERSAL-BIBLIOTHEK und
RECLAMS UNIVERSAL-BIBLIOTHEK sind eingetragene Marken
der Philipp Reclam jun. GmbH & Co. KG, Stuttgart
ISBN 978-3-15-014485-5
reclam.de

Inhalt

Rainer Maria Rilke

Frühlingsgefühle mit Rilke

Wenn der Frühling seine ersten zarten Boten schickt, schwingt bei Rainer Maria Rilke (1875–1926) immer noch ein Hauch der vergangenen Winterkälte mit. Umso lebendiger brechen aber die Knospen in seiner Dichtung hervor, wenn die Frühlingssonne sie dann doch einmal weckt.

Wie eine solche Knospe muss sich der junge Rilke gefühlt haben, als er im Jahr 1898 nach einer von familiären und persönlichen Schwierigkeiten überschatteten Kindheit und Jugend die 15 Jahre ältere Lou Andreas-Salomé kennenlernt und sich in sie verliebt. Der Beziehung zu der verheirateten Femme des Lettres und der gemeinsamen Russlandreise verdanken wir Verse voller Hingabe und Frühlingsmetaphorik: »Dir zur Feier«, wie Rilke den seiner Angebeteten gewidmeten Gedichtzyklus nannte. Oder mit einem seiner Verse: »Welle schlägt um Welle / der großbewegte Frühling über ihn.«

Später, nach den dramatischen Erfahrungen des Ersten Weltkriegs, wird aber wieder der Winterhauch sein Leben und Werk durchziehen – sei es in Paris oder auf Reisen durch das Europa der Belle Époque. »Gestern war mein Fieber besser, und heute fängt der Tag wie Frühling an, wie Frühling in Bildern«, heißt es in Rilkes einzigem Roman »Die Aufzeichnungen des Malte Laurids Brigge«. Neben den hoffnungsfrohen Gedanken, die ein Frühlingstag im Protagonisten weckt, steht unverrückbar die Erinnerung an die noch nicht ganz überstandene Krankheit.

Der Frühling ist für Rilke, den großen deutschen Lyriker, eine Zeit des aufstrebenden Lebens, der zurückkehrenden Hoffnung, der diesseitigen Gotteserkenntnis – und eben auch immer wieder ein Moment des Zögerns, Innehaltens und Besinnens: »Der Frühling, den Gott bemerken soll, darf nicht in Bäumen und auf Wiesen bleiben, er muss irgendwie in den Menschen mächtig werden, denn dann geht er, sozusagen, nicht in der Zeit, vielmehr in der Ewigkeit vor sich und in Gegenwart Gottes.«

Ob auch die Stunden uns wieder entfernen:
wir sind immer beisammen im Traum
wie unter einem aufblühenden Baum.
Wir werden die Worte, die laut sind, verlernen
und von uns reden wie Sterne von Sternen, –
alle lauten Worte verlernen:
wie unter einem aufblühenden Baum.

Dir zur Feier

Winterhauch und Frühlingslicht

Härte schwand. Auf einmal legt sich Schonung
an der Wiesen aufgedecktes Grau.
Kleine Wasser ändern die Betonung.
Zärtlichkeiten, ungenau,
greifen nach der Erde aus dem Raum.
Wege gehen weit ins Land und zeigens.
Unvermutet siehst du seines Steigens
Ausdruck in dem leeren Baum.

Vorfrühling

Ein Frühlingswind

Mit diesem Wind kommt Schicksal; lass, o lass
es kommen, all das Drängende und Blinde,
von dem wir glühen werden –: alles das.
(Sei still und rühr dich nicht, dass es uns finde.)
O unser Schicksal kommt mit diesem Winde.

Von irgendwo bringt dieser neue Wind,
schwankend vom Tragen namenloser Dinge,
über das Meer her *was wir sind.*

.... Wären wirs doch. So wären wir zuhaus.
(Die Himmel stiegen in uns auf und nieder.)
Aber mit diesem Wind geht immer wieder
das Schicksal riesig über uns hinaus.

Früher Apollo

Wie manches Mal durch das noch unbelaubte
Gezweig ein Morgen durchsieht, der schon ganz
im Frühling ist: so ist in seinem Haupte
nichts was verhindern könnte, dass der Glanz

aller Gedichte uns fast tödlich träfe;
denn noch kein Schatten ist in seinem Schaun,
zu kühl für Lorbeer sind noch seine Schläfe
und später erst wird aus den Augenbraun

hochstämmig sich der Rosengarten heben,
aus welchem Blätter, einzeln, ausgelöst
hintreiben werden auf des Mundes Beben,

der jetzt noch still ist, niegebraucht und blinkend
und nur mit seinem Lächeln etwas trinkend
als würde ihm sein Singen eingeflößt.

SCHON kehrt der Saft aus jener Allgemeinheit,
die dunkel in den Wurzeln sich erneut,
zurück ans Licht und speist die grüne Reinheit,
die unter Rinden noch die Winde scheut.

Die Innenseite der Natur belebt sich,
verheimlichend ein neues Freuet-Euch;
und eines ganzen Jahres Jugend hebt sich,
unkenntlich noch, ins starrende Gesträuch.

Des alten Nussbaums rühmliche Gestaltung
füllt sich mit Zukunft, außen grau und kühl;
doch junges Buschwerk zittert vor Verhaltung
unter der kleinen Vögel Vorgefühl.

Zwei weiße Nonnenhände mühen
nie sich um einen lichten Preis,
zwei weiße Nonnenhände blühen,
ohne dass es der Frühling weiß.

Zwei weiße Nonnenhände halten
nichtmehr das Leben, das sie umspinnt;
müssen sich fest zusammenfalten,
weil sie beide so einsam sind.

Vor-Ostern

Neapel

Morgen wird in diesen tiefgekerbten
Gassen, die sich durch getürmtes Wohnen
unten dunkel nach dem Hafen drängen,
hell das Gold der Prozessionen rollen;
statt der Fetzen werden die ererbten
Bettbezüge, welche wehen wollen,
von den immer höheren Balkonen
(wie in Fließendem gespiegelt) hängen.

Aber heute hämmert an den Klopfern
jeden Augenblick ein voll Bepackter,
und sie schleppen immer neue Käufe;
dennoch stehen strotzend noch die Stände.
An der Ecke zeigt ein aufgehackter
Ochse seine frischen Innenwände,
und in Fähnchen enden alle Läufe.
Und ein Vorrat wie von tausend Opfern

drängt auf Bänken, hängt sich rings um Pflöcke,
zwängt sich, wölbt sich, wälzt sich aus dem Dämmer
aller Türen, und vor dem Gegähne
der Melonen strecken sich die Brote.
Voller Gier und Handlung ist das Tote;
doch viel stiller sind die jungen Hähne
und die abgehängten Ziegenböcke
und am allerleisesten die Lämmer,

die die Knaben um die Schultern nehmen
und die willig von den Schritten nicken;
während in der Mauer der verglasten
spanischen Madonna die Agraffe
und das Silber in den Diademen
von dem Lichter-Vorgefühl beglänzter
schimmert. Aber drüber in dem Fenster
zeigt sich blickverschwenderisch ein Affe
und führt rasch in einer angemaßten
Haltung Gesten aus, die sich nicht schicken.

Sonette an Orpheus

XXV

Schon, horch, hörst du der ersten Harken
Arbeit; wieder den menschlichen Takt
in der verhaltenen Stille der starken
Vorfrühlingserde. Unabgeschmackt

scheint dir das Kommende. Jenes so oft
dir schon Gekommene scheint dir zu kommen
wieder wie Neues. Immer erhofft,
nahmst du es niemals. Es hat dich genommen.

Selbst die Blätter durchwinterter Eichen
scheinen im Abend ein künftiges Braun.
Manchmal geben sich Lüfte ein Zeichen.

Schwarz sind die Sträucher. Doch Haufen von Dünger
lagern als satteres Schwarz in den Au'n.
Jede Stunde, die hingeht, wird jünger.

Aus einem April

Wieder duftet der Wald.
Es heben die schwebenden Lerchen
mit sich den Himmel empor, der unseren Schultern schwer war;
zwar sah man noch durch die Äste den Tag, wie er leer war, –
aber nach langen, regnenden Nachmittagen
kommen die goldübersonnten
neueren Stunden,
vor denen flüchtend an fernen Häuserfronten
alle die wunden
Fenster furchtsam mit Flügeln schlagen.

Dann wird es still. Sogar der Regen geht leiser
über der Steine ruhig dunkelnden Glanz.
Alle Geräusche ducken sich ganz
in die glänzenden Knospen der Reiser.

Erwachen und Erblühen

Du meine heilige Einsamkeit,
du bist so reich und rein und weit
wie ein erwachender Garten.
Meine heilige Einsamkeit du –
halte die goldenen Türen zu,
vor denen die Wünsche warten.

Gedichte

Wenn eng mit Zeit und Stundenschlagen
der Alltag ärmlich uns umspinnt,
geschieht mir oft: ich muss dich fragen:
Glaubst du, dass wir das selber sind?

Wir gehn gewiss in stillen Wiesen,
aus denen Zeit und Stunde wich,
und unsre Stirnen sind gleich Friesen
mit Knaben die auf Flöten bliesen,
so friedlich, still und feierlich.

Wir wissen nicht vom Sinn der Tage.
Und unsre kühlen Hände sind
zwei Zweigen ähnlich, die sich zage
entgegenwachsen durch den Wind.

Im Alltag tasten unsre Träume
uns mühsam nach und sind in Mühn,
wenn wir schon, schön wie junge Bäume,
dem Sommerlos entgegenblühn.

Ich bin so still, du Traute,
und immer schweigen wir.
Du bist eine schlanke Laute,
der Frühling spielt auf dir.

Drum bin ich so still, du Ziere,
weil oft mir Angst geschieht,
dass ich einen Laut verliere
aus deinem lieben Lied.

Ich schreite einsam weiter. Mir zuhäupten
fühl ich den Frühling in den Zweigen zittern.
Und einmal werde ich mit unbestäubten
Sandalen warten an den Gartengittern.

Und du wirst kommen wenn ich dann dich brauche,
und wirst mein Zaudern nehmen als ein Zeichen,
und wirst mir still vom allerletzten Strauche
die vollen Sommerrosen niederreichen.

Was hilft es denn, dass ich dir aufbewahre
aus meinem Wandern manches Wunderbare,
das ich empfing, und das mir fremd entglitt –
ich will nicht, dass ich Rosen für dich *spare*,
ich will sie jung in deinem jungen Haare,
und wenn ich *wieder* in den Frühling fahre:
dann musst du mit.

So viele Villen weiß ich jetzt, in denen
kein fremder Fuß die große Stille stört,
so viele Gärten, die sich sonnig sehnen,
mit Abenden, Terrassen und Fontänen,
und manche warme Nacht an Arnolehnen,
die bange ist, weil sie nicht uns gehört.

Schon bricht das Glück, verhalten viel zu lang,
höher hervor und überfüllt die Wiese;
der Sommer fühlt schon, der sich streckt, der Riese,
im alten Nussbaum seiner Jugend Drang.

Die leichten Blüten waren bald verstreut,
das ernstre Grün tritt handelnd in die Bäume,
und, rund um sie, wie wölbten sich die Räume,
und wieviel morgen war von heut zu heut.

Wilder Rosenbusch

Wie steht er da vor den Verdunkelungen
des Regenabends, jung und rein;
in seinen Ranken schenkend ausgeschwungen
und doch versunken in sein Rose-sein;

die flachen Blüten, da und dort schon offen,
jegliche ungewollt und ungepflegt:
so, von sich selbst unendlich übertroffen
und unbeschreiblich aus sich selbst erregt,

ruft er dem Wandrer, der in abendlicher
Nachdenklichkeit den Weg vorüberkommt:
Oh sieh mich stehn, sieh her, was bin ich sicher
und unbeschützt und habe was mir frommt.

Die Parke

II

Leise von den Alleen
ergriffen, rechts und links,
folgend dem Weitergehen
irgend eines Winks,

trittst du mit einem Male
in das Beisammensein
einer schattigen Wasserschale
mit vier Bänken aus Stein;

in eine abgetrennte
Zeit, die allein vergeht.
Auf feuchte Postamente,
auf denen nichts mehr steht,

hebst du einen tiefen
erwartenden Atemzug;
während das silberne Triefen
von dem dunkeln Bug

dich schon zu den Seinen
zählt und weiterspricht.
Und du fühlst dich unter Steinen
die hören, und rührst dich nicht.

Die Parke

V

Götter von Alleen und Altanen,
niemals ganzgeglaubte Götter, die
altern in den gradbeschnittnen Bahnen,
höchstens angelächelte Dianen
wenn die königliche Venerie

wie ein Wind die hohen Morgen teilend
aufbrach, übereilt und übereilend –;
höchstens angelächelte, doch nie

angeflehte Götter. Elegante
Pseudonyme, unter denen man
sich verbarg und blühte oder brannte, –
leichtgeneigte, lächelnd angewandte
Götter, die noch manchmal dann und wann

Das gewähren, was sie einst gewährten,
wenn das Blühen der entzückten Gärten
ihnen ihre kalte Haltung nimmt;
wenn sie ganz von ersten Schatten beben
und Versprechen um Versprechen geben,
alle unbegrenzt und unbestimmt.

Blaue Hortensie

So wie das letzte Grün in Farbentiegeln
sind diese Blätter, trocken, stumpf und rau,
hinter den Blütendolden, die ein Blau
nicht auf sich tragen, nur von ferne spiegeln.

Sie spiegeln es verweint und ungenau,
als wollten sie es wiederum verlieren,
und wie in alten blauen Briefpapieren
ist Gelb in ihnen, Violett und Grau;

Verwaschnes wie an einer Kinderschürze,
Nichtmehrgetragnes, dem nichts mehr geschieht:
wie fühlt man eines kleinen Lebens Kürze.

Doch plötzlich scheint das Blau sich zu verneuen
in einer von den Dolden, und man sieht
ein rührend Blaues sich vor Grünem freuen.

Das Füllhorn

Geschrieben für Hugo von Hofmannsthal

Schwung und Form des gebendsten Gefäßes,
an der Göttin Schulter angelehnt;
unsrer Fassung immer ungemäßes,
doch von unsrem Sehnen ausgedehnt –:

in der Tiefe seiner Windung fasst es
aller Reife die Gestalt und Wucht,
und das Herz des allerreinsten Gastes
wäre Form dem Ausguss solcher Frucht.

Obenauf der Blüten leichte Schenkung,
noch von ihrer ersten Frühe kühl,
alle kaum beweisbar, wie Erdenkung,
und vorhanden, wie Gefühl ...

Soll die Göttin ihren Vorrat schütten
auf die Herzen, die er überfüllt,
auf die vielen Häuser, auf die Hütten,
auf die Wege, wo das Wandern gült?

Nein, sie steht in Überlebensgröße
hoch, mit ihrem Horn voll Übermaß.
Nur das Wasser unten geht, als flöße
es ihr Geben in Gewächs und Gras.

Das sind die Stunden, da ich mich finde.
Dunkel wellen die Wiesen im Winde,
allen Birken schimmert die Rinde,
und der Abend kommt über sie.

Und ich wachse in seinem Schweigen,
möchte blühen mit vielen Zweigen,
nur um mit allen mich einzureigen
in die einige Harmonie ...

Erste Rosen erwachen,
und ihr Duften ist zag
wie ein leisleises Lachen;
flüchtig mit schwalbenflachen
Flügeln streift es den Tag;

und wohin du langst,
da ist alles noch Angst.

Jeder Schimmer ist scheu,
und kein Klang ist noch zahm,
und die Nacht ist zu neu,
und die Schönheit ist Scham.

XXI

FRÜHLING ist wiedergekommen. Die Erde
ist wie ein Kind, das Gedichte weiß;
viele, o viele ... Für die Beschwerde
langen Lernens bekommt sie den Preis.

Streng war ihr Lehrer. Wir mochten das Weiße
an dem Barte des alten Manns.
Nun, wie das Grüne, das Blaue heiße,
dürfen wir fragen: sie kanns, sie kanns!

Erde, die frei hat, du glückliche, spiele
nun mit den Kindern. Wir wollen dich fangen,
fröhliche Erde. Dem Frohsten gelingts.

O, was der Lehrer sie lehrte, das Viele,
und was gedruckt steht in Wurzeln und langen
schwierigen Stämmen: sie singts, sie singts!

Frühling in Bildern

Auch in Rilkes einzigem Roman »Die Aufzeichnungen des Malte Laurids Brigge« (1910) findet sich Frühlingshaftes. Über die Entstehungsgeschichte ist wenig bekannt. Rilke begann seine Aufzeichnungen im Februar 1904 in Rom und beendete das Diktat der letzten Fassung am 27. Januar 1910 in Leipzig im Haus seines Verlegers Anton Kippenberg. Im Stil eines Tagebuchs lässt Rilke den jungen Dänen Malte Laurids Brigge von seinen Erlebnissen in Paris berichten. Der 28-jährige Ich-Erzähler ist nach dem Zerfall seiner adeligen Familie in die pulsierende Metropole aufgebrochen, wo er auf neue Impulse für sein schriftstellerisches Schaffen hofft.

GESTERN war mein Fieber besser, und heute fängt der Tag wie Frühling an, wie Frühling in Bildern. Ich will versuchen, auszugehen in die Bibliothèque Nationale zu meinem Dichter, den ich so lange nicht gelesen habe, und vielleicht kann ich später langsam durch die Gärten gehen. Vielleicht ist Wind über dem großen Teich, der so wirkliches Wasser hat, und es kommen Kinder, die ihre Schiffe mit den roten Segeln hineinlassen und zuschauen.

Heute habe ich es nicht erwartet, ich bin so mutig ausgegangen, als wäre das das Natürlichste und Einfachste. Und doch, es war wieder etwas da, das mich nahm wie Papier, mich zusammenknüllte und fortwarf, es war etwas Unerhörtes da.

Der Boulevard St-Michel war leer und weit, und es ging sich leicht auf seiner leisen Neigung. Fensterflügel oben öffneten sich mit gläsernem Aufklang, und ihr Glänzen flog wie ein weißer Vogel über die Straße. Ein Wagen mit hellroten Rädern kam vorüber, und weiter unten trug jemand etwas Lichtgrünes. Pferde liefen in blinkernden Geschirren auf dem dunkel gespritzten Fahrdamm, der rein war. Der Wind war erregt, neu, mild, und alles stieg auf: Gerüche, Rufe, Glocken.

Wasser berauschen das Land.
Ein atemlos trinkender Frühling
taumelt geblendet ins Grün
und stößt seiner Trunkenheit Atem
aus den Munden der Blust.

Tagsüber üben die Nachtigalln
ihres Fühlens Entzückung
und ihre Übermacht
über den nüchternen Stern.

Buddha

Schon von ferne fühlt der fremde scheue
Pilger, wie es golden von ihm träuft;
so als hätten Reiche voller Reue
ihre Heimlichkeiten aufgehäuft.

Aber näher kommend wird er irre
vor der Hoheit dieser Augenbraun:
denn das sind nicht ihre Trinkgeschirre
und die Ohrgehänge ihrer Fraun.

Wüsste einer denn zu sagen, welche
Dinge eingeschmolzen wurden, um
dieses Bild auf diesem Blumenkelche

aufzurichten: stummer, ruhiggelber
als ein goldenes und rundherum
auch den Raum berührend wie sich selber.

Vorfreude

Für den Leipziger Insel Verlag war Rilke einer der wichtigsten zeitgenössischen Autoren. Katharina Kippenberg, die zusammen mit ihrem Mann den Verlag leitete, führte mit Rilke eine umfassende Korrespondenz. Im Januar 1911, Rilke war auf Reisen in Neapel und befand sich mitten in einer Schreibkrise, sehnte er sich in einem Brief nach einem »Insel-Tee« mit ihr im »Verlagsheiligtum«, »dabei ließe sich (fühl ich) allerhand erzählen«. Auch Kippenberg freute sich auf ein Wiedersehen im Frühling desselben Jahres: »Wie ein Kind auf seinen Geburtstag freue ich mich auf Paris [...]. *Ich stelle mir alles gar nicht bis zu Ende vor, damit es noch schöner wird, als es eigentlich werden kann, aber ein verständnisvolles Zimmer muss man haben, lieber Herr Rilke«.*

Frühling

für Katharina Kippenberg

Nicht so sehr der neue Schimmer tats,
dass wir meinen, Frühling mitzuwissen,
als ein Spiel von sanften Schattenrissen
auf der Klärung eines Gartenpfads.

Schatten eignet uns den Garten an.
Blätterschatten lindert unsern Schrecken,
wenn wir in der Wandlung, die begann,
uns schon vorverwandelter entdecken.

Wie der Wächter in den Weingeländen
seine Hütte hat und wacht,
bin ich Hütte, Herr, in deinen Händen
und bin Nacht, o Herr, von deiner Nacht.

Weinberg, Weide, alter Apfelgarten,
Acker, der kein Frühjahr überschlägt,
Feigenbaum, der auch im marmorharten
Grunde hundert Früchte trägt:

Duft geht aus aus deinen runden Zweigen.
Und du fragst nicht, ob ich wachsam sei;
furchtlos, aufgelöst in Säften, steigen
deine Tiefen still an mir vorbei.

XXI

Singe die Gärten, mein Herz, die du nicht kennst; wie in Glas
eingegossene Gärten, klar, unerreichbar.
Wasser und Rosen von Ispahan oder Schiras,
singe sie selig, preise sie, keinem vergleichbar.

Zeige, mein Herz, dass du sie niemals entbehrst.
Dass sie dich meinen, ihre reifenden Feigen.
Dass du mit ihren, zwischen den blühenden Zweigen
wie zum Gesicht gesteigerten Lüften verkehrst.

Meide den Irrtum, dass es Entbehrungen gebe
für den geschehnen Entschluss, diesen: zu sein!
Seidener Faden, kamst du hinein ins Gewebe.

Welchem der Bilder du auch im Innern geeint bist
(sei es selbst ein Moment aus dem Leben der Pein),
fühl, dass der ganze, der rühmliche Teppich gemeint ist.

Blüten der Liebe

Leise hör ich dich rufen
in jedem Flüstern und Wehn.
Auf lauter weißen Stufen,
die meine Wünsche sich schufen,
hör ich dein Zu-mir-gehn.

Jetzt weißt du von dem Gefährten,
und dass er dich liebt … das macht:
es blühen in seinen Gärten
die lang vom Licht gekehrten
Blüten, blühn über Nacht …

Dir zur Feier

Eros

Masken! Masken! Dass man Eros blende.
Wer erträgt sein strahlendes Gesicht,
wenn er wie die Sommersonnenwende
frühlingliches Vorspiel unterbricht.

Wie es unversehens im Geplauder
anders wird und ernsthaft ... Etwas schrie ...
Und er wirft den namenlosen Schauder
wie ein Tempelinnres über sie.

Oh verloren, plötzlich, oh verloren!
Göttliche umarmen schnell.
Leben wand sich, Schicksal ward geboren.
Und im Innern weint ein Quell.

Leise ruft der Buchenwald.
Winkt mit seinen jungen Zweigen
weit hinaus ins Wiesenschweigen.

Kommt mein blonder Liebling bald
mir die tiefen Wege zeigen,
wo die Lichter wie Elfen reigen?

Kommt mein blonder Liebling bald?

Grüßend wird meine Seele sich neigen.
Meine Seele ist maieneigen
wie der rufende Buchenwald.

Ich geh dir nach, wie aus der dumpfen Zelle
ein Halbgeheilter schreitet: in der Helle
mit hellen Händen winkt ihm der Jasmin.
Ein Atemholen hebt ihn von der Schwelle, –
er tastet vorwärts: Welle schlägt um Welle
der großbewegte Frühling über ihn.

Ich geh dir nach in tiefem Dirvertrauen.
Ich weiß deine Gestalt durch diese Auen
vor meinen ausgestreckten Händen gehn.
Ich geh dir nach, wie aus des Fiebers Grauen
erschreckte Kinder gehn zu lichten Frauen,
die sie besänftigen und Furcht verstehn.

Ich geh dir nach. Wohin dein Herz mich führe
frag ich nicht nach. Ich folge dir und spüre
wie alle Blumen deines Kleides Saum ..

Ich geh dir nach auch durch die letzte Türe,
ich folge dir auch aus dem letzten Traum ...

Welt war in dem Antlitz der Geliebten –,
aber plötzlich ist sie ausgegossen:
Welt ist draußen, Welt ist nicht zu fassen.

Warum trank ich nicht, da ich es aufhob,
aus dem vollen, dem geliebten Antlitz
Welt, die nah war, duftend meinem Munde?

Ach, ich trank. Wie trank ich unerschöpflich.
Doch auch ich war angefüllt mit zuviel
Welt, und trinkend ging ich selber über.

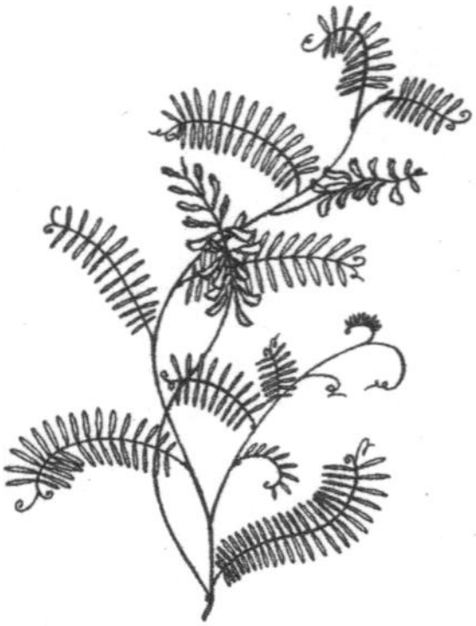

Der Brief des jungen Arbeiters

Junge Liebe und Frühlingstage gehen nicht nur in Rilkes Gedichten Hand in Hand. Seinen fiktiven »Brief des jungen Arbeiters« verfasste Rilke 1922 auf Schloss Muzot im Schweizer Kanton Wallis auf dem Hoch seiner Schaffensphase. In ihm wendet sich ein junger Arbeiter an einen berühmten Dichter, um ihm, dem ungleich Wortgewandteren, seine Ideen vorzutragen: Es handelt sich um eine Absage an die traditionelle christliche Konzentration auf das Jenseits und eine Bejahung diesseitiger Freude und Liebe …

Ein Liebeserlebnis, unvermutet und glücklich, kam dazu, sein Herz wurde ungewöhnlich hoch gehalten, tagelang, und so schoss denn auf der anderen Seite der spielende Strahl seines Lebens zu beträchtlicher Höhe auf. Mit jemandem, der sich in solcher Verfassung befindet, eine außerordentliche Stadt und eine mehr als gefällige Landschaft wahrzunehmen, ist eine seltene Vergünstigung; und so erscheinen mir denn auch, wenn ich zurückdenke, jene zarten und zugleich leidenschaftlichen Frühlingstage als die einzigen Ferien, die ich in meinem Leben gekannt habe. Die Zeit war so lächerlich kurz, einem anderen hätte sie nur für wenige Eindrücke hingereicht, – mir, der ich nicht gewohnt bin, freie Tage zu verbringen, erschien sie weit. Ja, es kommt mir fast unrecht vor, noch Z e i t zu nennen, was eher ein neuer Zustand des Freiseins war, recht fühlbar ein R a u m , ein Umgebensein von Offenem, kein Vergehn. Ich holte damals, wenn man so sagen kann, Kindheit nach und ein Stück frühes Jungsein, was, alles in mir auszuführen, nie Zeit gewesen war; ich schaute, ich lernte, ich begriff –, und aus diesen Tagen stammt auch die Erfahrung, dass mir »Gott« zu sagen, so leicht, so wahrhaftig, so – wie mein Freund sich würde ausgedrückt haben – so problemlos einfach sei.

David singt vor Saul

I

König, hörst du, wie mein Saitenspiel
Fernen wirft, durch die wir uns bewegen:
Sterne treiben uns verwirrt entgegen,
und wir fallen endlich wie ein Regen,
und es blüht, wo dieser Regen fiel.

Mädchen blühen, die du noch erkannt,
die jetzt Frauen sind und mich verführen;
den Geruch der Jungfraun kannst du spüren,
und die Knaben stehen, angespannt
schlank und atmend, an verschwiegnen Türen.

Dass mein Klang dir alles wiederbrächte.
Aber trunken taumelt mein Getön:
Deine Nächte, König, deine Nächte –,
und wie waren, die dein Schaffen schwächte,
o wie waren alle Leiber schön.

Dein Erinnern glaub ich zu begleiten,
weil ich ahne. Doch auf welchen Saiten
greif ich dir ihr dunkles Lustgestöhn? –

Die Liebende

Ja ich sehne mich nach dir. Ich gleite
mich verlierend selbst mir aus der Hand,
ohne Hoffnung, dass ich Das bestreite,
was zu mir kommt wie aus deiner Seite
ernst und unbeirrt und unverwandt.

... jene Zeiten: O wie war ich Eines,
nichts was rief und nichts was mich verriet
meine Stille war wie eines Steines,
über den der Bach sein Murmeln zieht.

Aber jetzt in diesen Frühlingswochen
hat mich etwas langsam abgebrochen
von dem unbewussten dunkeln Jahr.

Etwas hat mein armes warmes Leben
irgendeinem in die Hand gegeben,
der nicht weiß was ich noch gestern war.

Östliches Taglied

Ist dieses Bette nicht wie eine Küste,
ein Küstenstreifen nur, darauf wir liegen?
Nichts ist gewiss als deine hohen Brüste,
die mein Gefühl in Schwindeln überstiegen.

Denn diese Nacht, in der so vieles schrie,
in der sich Tiere rufen und zerreißen,
ist sie uns nicht entsetzlich fremd? Und wie:
was draußen langsam anhebt, Tag geheißen,
ist das uns denn verständlicher als sie?

Man müsste so sich ineinanderlegen
wie Blütenblätter um die Staubgefäße:
so sehr ist überall das Ungemäße
und häuft sich an und stürzt sich uns entgegen.

Doch während wir uns aneinander drücken,
um nicht zu sehen, wie es ringsum naht,
kann es aus dir, kann es aus mir sich zücken:
denn unsre Seelen leben von Verrat.

Noch fast gleichgültig ist dieses Mit-dir-sein ...
Doch über ein Jahr schon, Erwachsenere, kann es vielleicht
dem Einen,
der dich gewahrt, unendlich bedeuten:
Mit dir sein!

Ist Zeit nichts? Auf einmal kommt doch durch sie
dein Wunder. Dass diese Arme,
gestern dir selber fast lästig, einem,
den du nicht kennst, plötzlich Heimat
versprechen, die er nicht kannte. Heimat und Zukunft.

Dass er zu ihnen, wie nach Sankt-Jago di Compostella,
den härtesten Weg gehen will, lange,
alles verlassend. Dass ihn die Richtung
zu dir ergreift. Allein schon die Richtung
scheint ihm das Meiste. Er wagt kaum,
jemals ein Herz zu enthalten, das ankommt.

Gewölbter auf einmal, verdrängt deine heitere Brust
ein wenig mehr Mailuft: dies wird sein Atem sein,
dieses Verdrängte, das nach dir duftet.

Entstehen und Vergehen

Heitres Geschenk von den kältern
Bergen
versucht in den Juni den Sprung;
blinkend in Bach und Behältern
drängt sich Erneuerung.

Überall unter verstaubten
Büschen
lebendiger Wasser Gang;
und wie sie selig behaupten,
Gehn sei Gesang.

Gedichte

Der Glanz der Frühlingsluft

In seinem »Malte« verarbeitete Rilke unter anderem die ersten Eindrücke seines Parisaufenthaltes aus den Jahren 1902/1903. Dabei fertigte er verschiedene Schlussvarianten an. Die folgende Frühlingsszene stammt aus der zweiten Fassung des ursprünglichen Romanschlusses.

Ich wartete unter den ersten Bäumen, bis der Wagen wendete und sich entfernte. Ich brauchte Stille. Jetzt war es still. Die nicht geordnete Stille eines vernachlässigten, tiefliegenden Parks, in dem auf welken Unterlagen der leichte Frühling sich rührt, ein wenig betäubt von ihrem feuchten Geruch. Was hätte ich darum gegeben, nichts vor zu haben, als eine Stunde in diesem Park. Und doch war ich schon in dem Lichtmuster der erwachsenen Birkenallee und ging, so langsam ich konnte, auf das Haus zu. Es kam mir erwünscht, dass rechts im Gehölz etwas blühte, was vom Weg aus nicht zu erkennen war; ich drängte mich durch: es war ein fremdes Gesträuch. Das war die letzte Ausflucht. Und um wie wenig schob ich mit ihr den Augenblick hinaus, da mich von ihm nichts mehr trennte als der Glanz der Frühlingsluft, der sich in der Glastür spiegelte.

Es ist ja Frühling. Und der Garten glänzt
vor lauter Licht.
Die Zweige zittern zwar
in tiefer Luft, die Stille selber spricht,
und unser Garten ist wie ein Altar.

Der Abend atmet wie ein Angesicht,
und seine Lieblingswinde liegen dicht
wie deine Hände mir im Haar:
ich bin bekränzt.

Du aber siehst es nicht.
Und da sind alle Feste nichtmehr wahr.

Waldteich, weicher, in sich eingekehrter –,
draußen ringt das ganze Meer und braust,
aufgeregte Fernen drücken Schwerter
jedem Sturmstoß in die Faust –,
während du aus dunkler unversehrter
Tiefe Spiele der Libellen schaust.

Was dort jenseits eingebeugter Bäume
Überstürzung ist und Drang und Schwung,
spiegelt sich in deine Innenräume
als verhaltene Verdüsterung;
ungebogen steht um dich der Wald
voll von steigendem Verschweigen.
Oben nur, im Wipfel-Ausblick, zeigen
Wolken sagenhafte Kampfgestalt.

Dann: im teilnahmslosen Zimmer sein,
einer sein, der beides weiß.
O der Kerze kleiner Kreis,
und die Menschennacht bricht ein
und vielleicht ein Schmerz im Körper innen.
Soll ich mich des Sturmmeers jetzt entsinnen
oder Bild des Teichs in mir behüten
oder, weil mir beide gleich entrinnen,
Blüten denken –, jenes Gartens Blüten –?
Ach wer kennt, was in ihm überwiegt.
Mildheit? Schrecken? Blicke, Stimmen, Bücher?
Und das alles nur wie stille Tücher
Schultern einer Kindheit angeschmiegt,
welche schläft in dieses Lebens Wirrn.
Dass mich Eines ganz ergreifen möge.

Schauernd berg ich meine Stirn,
denn ich weiß: die Liebe überwöge.

Wo ist einer, der sie kann?
Wenn ich innig mich zusammenfasste
vor die unvereinlichsten Kontraste:
weiter kam ich nicht: ich schaute an;
blieb das Angeschaute sich entziehend,
schaut ich unbedingter, schaute knieend,
bis ich es in mich gewann.

Fand es in mir Liebe vor?
Tröstung für das aufgegebne Freie,
wenn es sich aus seiner Weltenreihe
wie mit unterdrücktem Schreie
in den unbekannten Geist verlor?

Hab ich das Errungene gekränkt,
nichts bedenkend, als wie ich mirs finge,
und die großgewohnten Dinge
im gedrängten Herzen eingeschränkt?
Fasst ich sie wie dieses Zimmer mich,
dieses fremde Zimmer mich und meine
Seele fasst?
        O hab ich keine Haine
in der Brust? kein Wehen? keine
Stille, atemleicht und frühlinglich?

Bilder, Zeichen, dringend aufgelesen,
hat es euch, in mir zu sein, gereut? –
....

Oh, ich habe zu der Welt kein Wesen,
wenn sich nicht da draußen die Erscheinung,
wie in leichter vorgefasster Meinung,
weither heiter in mich freut.

Es winkt zu Fühlung fast aus allen Dingen,
aus jeder Wendung weht es her: Gedenk!
Ein Tag, an dem wir fremd vorübergingen,
entschließt im künftigen sich zum Geschenk.

Wer rechnet unseren Ertrag? Wer trennt
uns von den alten, den vergangnen Jahren?
Was haben wir seit Anbeginn erfahren,
als dass sich eins im anderen erkennt?

Als dass an uns Gleichgültiges erwarmt?
O Haus, o Wiesenhang, o Abendlicht,
auf einmal bringst du's beinah zum Gesicht
und stehst an uns, umarmend und umarmt.

Durch alle Wesen reicht der *eine* Raum:
Weltinnenraum. Die Vögel fliegen still
durch uns hindurch. O, der ich wachsen will,
ich seh hinaus, und *in* mir wächst der Baum.

Ich sorge mich, und in mir steht das Haus.
Ich hüte mich, und in mir ist die Hut.
Geliebter, der ich wurde: an mir ruht
der schönen Schöpfung Bild und weint sich aus.

Frühlingsmelancholie

Im Zentrum der »Aufzeichnungen des Malte Laurids Brigge« steht die Auseinandersetzung mit der Metropole Paris – zu dieser Zeit die drittgrößte Stadt der Welt. Malte zeigt sich überwältigt von der Großstadtrealität, die ihn zu einem Rückzug ins Innere zwingt und ihn an Vergangenes denken lässt.

BLÄTTERT zurück in euren Tagebüchern. War da nicht immer um die Frühlinge eine Zeit, da das ausbrechende Jahr euch wie ein Vorwurf betraf? Es war Lust zum Frohsein in euch, und doch, wenn ihr hinaustratet in das geräumige Freie, so entstand draußen eine Befremdung in der Luft, und ihr wurdet unsicher im Weitergehen wie auf einem Schiffe. Der Garten fing an; ihr aber (das war es), ihr schlepptet Winter herein und voriges Jahr; für euch war es bestenfalls eine Fortsetzung. Während ihr wartetet, dass eure Seele teilnähme, empfandet ihr plötzlich eurer Glieder Gewicht, und etwas wie die Möglichkeit, krank zu werden, drang in euer offenes Vorgefühl. Ihr schobt es auf euer zu leichtes Kleid, ihr spanntet den Schal um die Schultern, ihr lieft die Allee bis zum Schluss: und dann standet ihr, herzklopfend, in dem weiten Rondell, entschlossen mit alledem einig zu sein. Aber ein Vogel klang und war allein und verleugnete euch. Ach, hättet ihr müssen gestorben sein?

Irre im Garten

Dijon

Noch schließt die aufgegebene Karthause
sich um den Hof, als würde etwas heil.
Auch die sie jetzt bewohnen, haben Pause
und nehmen nicht am Leben draußen teil.

Was irgend kommen konnte, das verlief.
Nun gehn sie gerne mit bekannten Wegen
und trennen sich und kommen sich entgegen,
als ob sie kreisten, willig, primitiv.

Zwar manche pflegen dort die Frühlingsbeete,
demütig, dürftig, hingekniet;
aber sie haben, wenn es keiner sieht,
eine verheimlichte, verdrehte

Gebärde für das zarte frühe Gras,
ein prüfendes, verschüchtertes Liebkosen:
denn das ist freundlich, und das Rot der Rosen
wird vielleicht drohend sein und Übermaß

und wird vielleicht schon wieder übersteigen,
was ihre Seele wiederkennt und weiß.
Dies aber lässt sich noch verschweigen:
wie gut das Gras ist und wie leis.

Geburt der Venus

An diesem Morgen nach der Nacht, die bang
vergangen war mit Rufen, Unruh, Aufruhr, –
brach alles Meer noch einmal auf und schrie.
Und als der Schrei sich langsam wieder schloss
und von der Himmel blassem Tag und Anfang
herabfiel in der stummen Fische Abgrund –:
gebar das Meer.

Von erster Sonne schimmerte der Haarschaum
der weiten Wogenscham, an deren Rand
das Mädchen aufstand, weiß, verwirrt und feucht.
So wie ein junges grünes Blatt sich rührt,
sich reckt und Eingerolltes langsam aufschlägt,
entfaltete ihr Leib sich in die Kühle
hinein und in den unberührten Frühwind.

Wie Monde stiegen klar die Knie auf
und tauchten in der Schenkel Wolkenränder;
der Waden schmaler Schatten wich zurück,
die Füße spannten sich und wurden licht,
und die Gelenke lebten wie die Kehlen
von Trinkenden.

Und in dem Kelch des Beckens lag der Leib
wie eine junge Frucht in eines Kindes Hand.
In seines Nabels engem Becher war
das ganze Dunkel dieses hellen Lebens.
Darunter hob sich licht die kleine Welle
und floss beständig über nach den Lenden,

wo dann und wann ein stilles Rieseln war.
Durchschienen aber und noch ohne Schatten,
wie ein Bestand von Birken im April,
warm, leer und unverborgen, lag die Scham.

Jetzt stand der Schultern rege Waage schon
im Gleichgewichte auf dem graden Körper,
der aus dem Becken wie ein Springbrunn aufstieg
und zögernd in den langen Armen abfiel
und rascher in dem vollen Fall des Haars.

Dann ging sehr langsam das Gesicht vorbei:
aus dem verkürzten Dunkel seiner Neigung
in klares, waagrechtes Erhobensein.
Und hinter ihm verschloss sich steil das Kinn.

Jetzt, da der Hals gestreckt war wie ein Strahl
und wie ein Blumenstiel, darin der Saft steigt,
streckten sich auch die Arme aus wie Hälse
von Schwänen, wenn sie nach dem Ufer suchen.

Dann kam in dieses Leibes dunkle Frühe
wie Morgenwind der erste Atemzug.
Im zartesten Geäst der Aderbäume
entstand ein Flüstern, und das Blut begann
zu rauschen über seinen tiefen Stellen.
Und dieser Wind wuchs an: nun warf er sich
mit allem Atem in die neuen Brüste
und füllte sie und drückte sich in sie, –
dass sie wie Segel, von der Ferne voll,
das leichte Mädchen nach dem Strande drängten.

So landete die Göttin.

Hinter ihr,
die rasch dahinschritt durch die jungen Ufer,
erhoben sich den ganzen Vormittag
die Blumen und die Halme, warm, verwirrt,
wie aus Umarmung. Und sie ging und lief.

Am Mittag aber, in der schwersten Stunde,
hob sich das Meer noch einmal auf und warf
einen Delphin an jene selbe Stelle.
Tot, rot und offen.

O wo ist der, der aus Besitz und Zeit
zu seiner großen Armut so erstarkte,
dass er die Kleider abtat auf dem Markte
und bar einherging vor des Bischofs Kleid.
Der Innigste und Liebendste von allen,
der kam und lebte wie ein junges Jahr;
der braune Bruder deiner Nachtigallen
in dem ein Wundern und ein Wohlgefallen
und ein Entzücken an der Erde war.

Denn er war keiner von den immer Müdern,
die freudeloser werden nach und nach,
mit kleinen Blumen wie mit kleinen Brüdern
ging er den Wiesenrand entlang und sprach.
Und sprach von sich und wie er sich verwende
so dass es allem eine Freude sei;
und seines hellen Herzens war kein Ende,
und kein Geringes ging daran vorbei.
Er kam aus Licht zu immer tieferm Lichte,
und seine Zelle stand in Heiterkeit.
Das Lächeln wuchs auf seinem Angesichte
und hatte seine Kindheit und Geschichte
und wurde reif wie eine Mädchenzeit.

Und wenn er sang, so kehrte selbst das Gestern
und das Vergessene zurück und kam;
und eine Stille wurde in den Nestern,
und nur die Herzen schrien in den Schwestern,
die er berührte wie ein Bräutigam.

Dann aber lösten seines Liedes Pollen
sich leise los aus seinem roten Mund
und trieben träumend zu den Liebevollen
und fielen in die offenen Corollen
und sanken langsam auf den Blütengrund.

Und sie empfingen ihn, den Makellosen,
in ihrem Leib, der ihre Seele war.
Und ihre Augen schlossen sich wie Rosen
und voller Liebesnächte war ihr Haar.

Und ihn empfing das Große und Geringe.
Zu vielen Tieren kamen Cherubim
zu sagen, dass ihr Weibchen Früchte bringe, –
und waren wunderschöne Schmetterlinge:
denn ihn erkannten alle Dinge
und hatten Fruchtbarkeit aus ihm.
Und als er starb, so leicht wie ohne Namen,
da war er ausgeteilt: sein Samen rann
in Bächen, in den Bäumen sang sein Samen
und sah ihn ruhig aus den Blumen an.
Er lag und sang. Und als die Schwestern kamen,
da weinten sie um ihren lieben Mann.

O wo ist er, der Klare, hingeklungen?
Was fühlen ihn, den Jubelnden und Jungen,
die Armen, welche harren, nicht von fern?

Was steigt er nicht in ihre Dämmerungen –
der Armut großer Abendstern.

An den Engel

Starker, stiller, an den Rand gestellter
Leuchter: oben wird die Nacht genau.
Wir ver-geben uns in unerhellter
Zögerung an deinem Unterbau.

Unser ist: den Ausgang nicht zu wissen
aus dem drinnen irrlichen Bezirk,
du erscheinst auf unsern Hindernissen
und beglühst sie wie ein Hochgebirg.

Deine Lust ist *über* unserm Reiche,
und wir fassen kaum den Niederschlag;
wie die reine Nacht der Frühlingsgleiche
stehst du teilend zwischen Tag und Tag.

Wer vermöchte je dir einzuflößen
von der Mischung, die uns heimlich trübt?
Du hast Herrlichkeit von allen Größen,
und wir sind am Kleinlichsten geübt.

Wenn wir weinen, sind wir nichts als rührend,
wo wir anschaun sind wir höchstens wach;
unser Lächeln ist nicht weit verführend,
und verführt es selbst, wer geht ihm nach?

Irgendeiner.   Engel, klag ich, klag ich?
Doch wie wäre denn die Klage mein?
Ach, ich schreie, mit zwei Hölzern schlag ich
und ich meine nicht, gehört zu sein.

Dass ich lärme, wird an dir nicht lauter,
wenn du mich nicht fühltest, weil ich *bin*.
Leuchte, leuchte! Mach mich angeschauter
bei den Sternen. Denn ich schwinde hin.

An Wera

Rilkes Gedichtzyklus »Sonette an Orpheus« trägt den Untertitel »Ein Grabmal für Wera Ouckama Knoop«. Er widmete es der jungen expressionistischen Tänzerin Wera Ouckama Knoop (1900–1919), die im Alter von 19 Jahren an Leukämie starb.

XXV[1]

Dich aber will ich nun, *Dich*, die ich kannte
wie eine Blume, von der ich den Namen nicht weiß,
noch *ein* Mal erinnern und ihnen zeigen, Entwandte,
schöne Gespielin des unüberwindlichen Schrei's.

Tänzerin erst, die plötzlich, den Körper voll Zögern,
anhielt, als göss man ihr Jungsein in Erz;
trauernd und lauschend –. Da, von den hohen Vermögern
fiel ihr Musik in das veränderte Herz.

Nah war die Krankheit. Schon von den Schatten
bemächtigt,
drängte verdunkelt das Blut, doch, wie flüchtig
verdächtigt,
trieb es in seinen natürlichen Frühling hervor.

Wieder und wieder, von Dunkel und Sturz unterbrochen,
glänzte es irdisch. Bis es nach schrecklichem Pochen
trat in das trostlos offene Tor.

1 An Wera. R. M. R.

Frühlingsträume
und Frühlingsgeschichten

Wiegt ein erwachender Hauch
die Dolden des Oleanders:
sieh, wir sind nicht mehr anders,
und wir wiegen uns auch.

Dir zur Feier

Fragst du mich: Was war in deinen Träumen,
ehe ich dir meinen Mai gebracht?
War ein Wald. Der Sturm war in den Bäumen
und auf allen Wegen kam die Nacht.

Waren Burgen die in Feuer standen,
waren Männer, die das Schlachtschwert schlugen,
waren Frauen, die in Wehgewanden
Kleinod weinend aus den Toren trugen.

Kinder waren, die an Quellen saßen,
und der Abend kam und sang für sie,
sang solang, bis sie das Heim vergaßen
über seiner süßen Melodie.

Sieben Gedichte

Für Madeleine Broglie

Mit Madeleine Annette de Broglie, einer Pariser Adeligen mit italienischen Wurzeln, stand Rilke von 1906 bis 1909 in Verbindung. Er verehrte sie, nannte sie ›Madonna‹ und verfasste einen Gedichtzyklus für sie.

II

.... Und sagen sie das Leben sei ein Traum: das nicht;
nicht Traum allein. Traum ist ein Stück vom Leben.
Ein wirres Stück, in welchem sich Gesicht
und Sein verbeißt und ineinanderflicht
wie goldne Tiere, Königen von Theben
aus ihrem Tod genommen (der zerbricht).

Traum ist Brokat der von dir niederfließt,
Traum ist ein Baum, ein Glanz der geht, ein Laut –;
ein Fühlen das in dir beginnt und schließt
ist Traum; ein Tier das dir ins Auge schaut
ist Traum; ein Engel welcher dich genießt
ist Traum. Traum ist das Wort, das sanften Falles
in dein Gefühl fällt wie ein Blütenblatt
das dir im Haar bleibt: licht, verwirrt und matt –,
hebst du die Hände auf: auch dann kommt Traum,
kommt in sie wie das Fallen eines Balles –;
fast alles träumt –,
du aber trägst das alles.

Du trägst das alles. Und wie trägst du's schön.
So wie mit deinem Haar damit beladen.
Und aus den Tiefen kommt es, von den Höhn
kommt es zu dir und wird von deinen Gnaden …

Da wo du bist hat nichts umsonst geharrt,
um dich die Dinge nehmen nirgend Schaden,
und mir ist so als hätt ich schon gesehn,
dass Tiere sich in deinen Blicken baden
und trinken deine klare Gegenwart.

Nur wer du bist: das weiß ich nicht. Ich weiß
nur deinen Preis zu singen: Sagenkreis
um eine Seele,
                    Garten um ein Haus,
in dessen Fenstern ich den Himmel sah –.

O so viel Himmel, ziehend, von so nah;
o so viel Himmel über so viel Ferne.

Und wenn es Nacht ist –: wasfür große Sterne
müssen sich nicht in diesen Fenstern spiegeln …

Buch der Bilder

»Das Buch der Bilder« ist eine der berühmtesten Gedichtsammlungen Rilkes. Sie erschien in zwei Auflagen: Im Jahr 1902 mit 45 Gedichten sowie 1906, ergänzt um 37 Gedichte – für Rilke »ein wirklich neues Buch«.

II

Noch drohen große Vögel allenthalben
und Drachen glühn und hüten überall
der Wälder Wunder und der Schluchten Fall;
und Knaben wachsen an und Männer salben
sich zu dem Kampfe mit der Nachtigall,

die oben in den Kronen von neun Eichen
sich lagert wie ein tausendfaches Tier,
und abends geht ein Schreien ohnegleichen,
ein schreiendes Bis-an-das-Ende-Reichen
und geht die ganze Nacht lang aus von ihr;

die Frühlingsnacht, die schrecklicher als alles
und schwerer war und banger zu bestehn:
ringsum kein Zeichen eines Überfalles
und dennoch alles voller Übergehn,
hinwerfend sich und Stück für Stück sich gebend,
ja jenes Etwas, welches um sich griff;
anrufend noch, am ganzen Leibe bebend
und darin untergehend wie ein Schiff.

Das waren Überstarke, die da blieben,
von diesem Riesigen nicht aufgerieben,
das aus den Kehlen wie aus Kratern brach;
sie dauerten und alternd nach und nach
begriffen sie die Bangnis der Aprile
und ihre ruhigen Hände hielten viele
und führten sie durch Furcht und Ungemach
zu Tagen, da sie froher und gesünder
die Mauern bauten um die Städtegründer
die über allem gut und kundig saßen.

Und schließlich kamen auf den ersten Straßen
aus Höhlen und verhassten Hinterhalten
die Tiere, die für unerbittlich galten.
Sie stiegen still aus ihren Übermaßen
(beschämte und veraltete Gewalten)
und legten sich gehorsam vor die Alten.

Der blinde Zeitungsverkäufer

Maltes Aufzeichnungen über einen blinden Zeitungsverkäufer am Jardin du Luxembourg beruht vermutlich auf einer tatsächlichen Begegnung Rilkes. In einem Brief aus dem Jahr 1920 an seine Geliebte und mütterliche Freundin Lou Andreas-Salomé (1862–1937) erwähnte er einen »Blinden«, der »verregnet und grau« auf dem Pont du Carrousel stand.

ICH habe niemals gewagt, von ihm eine Zeitung zu kaufen, Ich bin nicht sicher, dass er wirklich immer einige Nummern bei sich hat, wenn er sich außen am Luxembourg-Garten langsam hin und zurück schiebt den ganzen Abend lang. Er kehrt dem Gitter den Rücken, und seine Hand streift den Steinrand, auf dem die Stäbe aufstehen. Er macht sich so flach, dass täglich viele vorübergehen, die ihn nie gesehen haben. Zwar hat er noch einen Rest von Stimme in sich und mahnt; aber das ist nicht anders als ein Geräusch in einer Lampe oder im Ofen oder wenn es in eigentümlichen Abständen in einer Grotte tropft. Und die Welt ist so eingerichtet, dass es Menschen gibt, die ihr ganzes Leben lang in der Pause vorbeikommen, wenn er, lautloser als alles was sich bewegt, weiter rückt wie ein Zeiger, wie eines Zeigers Schatten, wie die Zeit.

Wie unrecht hatte ich, ungern hinzusehen. Ich schäme mich aufzuschreiben, dass ich oft in seiner Nähe den Schritt der andern annahm, als wüsste ich nicht um ihn. Dann hörte ich es in ihm »La Presse« sagen und gleich darauf noch einmal und ein drittes Mal in raschen Zwischenräumen. Und die Leute neben mir sahen sich um und suchten die

Stimme. Nur ich tat eiliger als alle, als wäre mir nichts aufgefallen, als wäre ich innen überaus beschäftigt.

Und ich war es in der Tat. Ich war beschäftigt, ihn mir vorzustellen, ich unternahm die Arbeit, ihn einzubilden, und der Schweiß trat mir aus vor Anstrengung. Denn ich musste ihn machen wie man einen Toten macht, für den keine Beweise mehr da sind, keine Bestandteile; der ganz und gar innen zu leisten ist. Ich weiß jetzt, dass es mir ein wenig half, an die vielen abgenommenen Christusse aus streifigem Elfenbein zu denken, die bei allen Althändlern herumliegen. Der Gedanke an irgendeine Pietà trat vor und ab –: dies alles wahrscheinlich nur, um eine gewisse Neigung hervorzurufen, in der sein langes Gesicht sich hielt, und den trostlosen Bartnachwuchs im Wangenschatten und die endgültig schmerzvolle Blindheit seines verschlossenen Ausdrucks, der schräg aufwärts gehalten war. Aber es war außerdem so vieles, was zu ihm gehörte; denn dies begriff ich schon damals, dass nichts an ihm nebensächlich sei: nicht die Art, wie der Rock oder der Mantel, hinten abstehend, überall den Kragen sehen ließ, diesen niedrigen Kragen, der in einem großen Bogen um den gestreckten, nischigen Hals stand, ohne ihn zu berühren; nicht die grünlich schwarze Krawatte, die weit um das Ganze herumgeschnallt war; und ganz besonders nicht der Hut, ein alter, hochgewölbter, steifer Filzhut, den er trug wie alle Blinden ihre Hüte tragen: ohne Bezug zu den Zeilen des Gesichts, ohne die Möglichkeit, aus diesem Hinzukommenden und sich selbst eine neue äußere Einheit zu bilden; nicht anders als irgendeinen verabredeten fremden Gegenstand. In meiner Feigheit, nicht hinzusehen, brachte ich es so weit, dass das Bild dieses Mannes sich schließlich oft auch ohne Anlass stark und schmerzhaft in mir zusammenzog zu so hartem Elend, dass ich mich, davon bedrängt, entschloss, die zunehmende Fertigkeit meiner Einbildung durch die auswärtige Tatsache einzuschüchtern und aufzuheben. Es war gegen Abend. Ich nahm mir vor, sofort aufmerksam an ihm vorbeizugehen.

Nun muss man wissen: es ging auf den Frühling zu. Der Tagwind hatte sich gelegt, die Gassen waren lang und befriedigt; an ihrem Ausgang schimmerten Häuser, neu wie frische Bruchstellen eines weißen Metalls. Aber es war ein Metall, das einen überraschte durch seine Leichtigkeit. In den breiten, fortlaufenden Straßen zogen viele Leute durcheinander, fast ohne die Wagen zu fürchten, die selten waren. Es musste ein Sonntag sein. Die Turmaufsätze von Saint-Sulpice zeigten sich heiter und unerwartet hoch in der Windstille, und durch die schmalen, beinah römischen Gassen sah man unwillkürlich hinaus in die Jahreszeit. Im Garten und davor war so viel Bewegung von Menschen, dass ich ihn nicht gleich sah. Oder erkannte ich ihn zuerst nicht zwischen der Menge durch?

Ich wusste sofort, dass meine Vorstellung wertlos war. Die durch keine Vorsicht oder Verstellung eingeschränkte Hingegebenheit seines Elends übertraf meine Mittel. Ich hatte weder den Neigungswinkel seiner Haltung begriffen gehabt noch das Entsetzen, mit dem die Innenseite seiner Lider ihn fortwährend zu erfüllen schien. Ich hatte nie an seinen Mund gedacht, der eingezogen war wie die Öffnung eines Ablaufs. Möglicherweise hatte er Erinnerungen; jetzt aber kam nie mehr etwas zu seiner Seele hinzu als täglich das amorphe Gefühl des Steinrands hinter ihm, an dem seine Hand sich abnutzte. Ich war stehngeblieben, und während ich das alles fast gleichzeitig sah, fühlte ich, dass er einen anderen Hut hatte und eine ohne Zweifel sonntägliche Halsbinde; sie war schräg in gelben und violetten Vierecken gemustert, und was den Hut angeht, so war es ein billiger neuer Strohhut mit einem grünen Band. Es liegt natürlich nichts an diesen Farben, und es ist kleinlich, dass ich sie behalten habe. Ich will nur sagen, dass sie an ihm waren wie das Weicheste auf eines Vogels Unterseite. Er selbst hatte keine Lust daran, und wer von allen (ich sah mich um) durfte meinen, dieser Staat wäre um seinetwillen?

Mein Gott, fiel es mir mit Ungestüm ein, so *bist* du also. Es gibt Beweise für deine Existenz. Ich habe sie alle vergessen und habe keinen je verlangt, denn welche ungeheuere Verpflichtung läge in deiner Gewissheit. Und doch, nun wird mirs gezeigt. Dieses ist dein Geschmack, hier hast du Wohlgefallen. Dass wir doch lernten, vor allem aushalten und nicht urteilen. Welche sind die schweren Dinge? Welche die gnädigen? Du allein weißt es.

Wenn es wieder Winter wird und ich muss einen neuen Mantel haben, – gib mir, dass ich ihn *so* trage, solang er neu ist.

Ich will ihn preisen. Wie vor einem Heere
die Hörner gehen, will ich gehn und schrein.
Mein Blut soll lauter rauschen denn die Meere,
mein Wort soll süß sein, dass man sein begehre,
und doch nicht irre machen wie der Wein.

Und in den Frühlingsnächten wenn nicht viele
geblieben sind um meine Lagerstatt,
dann will ich blühn in meinem Saitenspiele
so leise wie die nördlichen Aprile,
die spät und ängstlich sind um jedes Blatt.

Denn meine Stimme wuchs nach zweien Seiten
und ist ein Duften worden und ein Schrein:
die eine will den Fernen vorbereiten,
die andere muss meiner Einsamkeiten
Gesicht und Seligkeit der Engel sein.

Von einem, der die Steine belauscht

In seinen »Geschichten vom lieben Gott« widmete sich Rilke den grundlegenden Fragen des menschlichen Daseins. Er versuchte, die Geschichten so einfach wie möglich zu formulieren. So erschien der Erstdruck im Jahr 1900 unter dem Titel: »Vom lieben Gott und Anderes. An Große für Kinder erzählt«.

Was wir Frühling fühlen, sieht Gott als ein flüchtiges, kleines Lächeln über die Erde gehen. Sie scheint sich an etwas zu erinnern, im Sommer erzählt sie allen davon, bis sie weiser wird in der großen, herbstlichen Schweigsamkeit, mit welcher sie sich Einsamen vertraut. Alle Frühlinge, welche Sie und ich erlebt haben, zusammengenommen, reichen noch nicht aus, eine Sekunde Gottes zu füllen. Der Frühling, den Gott bemerken soll, darf nicht in Bäumen und auf Wiesen bleiben, er muss irgendwie in den Menschen mächtig werden, denn dann geht er, sozusagen, nicht in der Zeit, vielmehr in der Ewigkeit vor sich und in Gegenwart Gottes.

Wir wollen, wenn es wieder Mondnacht wird,
die Traurigkeit zu großer Stadt vergessen
und hingehn und uns an das Gitter pressen,
das uns von dem versagten Garten trennt.

Wer kennt ihn jetzt, der ihn am Tage traf:
mit Kindern, lichten Kleidern, Sommerhüten, –
wer kennt ihn so: allein mit seinen Blüten,
die Teiche offen, liegend ohne Schlaf.

Figuren, welche stumm im Dunkel stehn,
scheinen sich leise aufzurichten,
und steinerner und stiller sind die lichten
Gestalten an dem Eingang der Alleen.

Die Wege liegen gleich entwirrten Strähnen
nebeneinander, ruhig, eines Zieles.
Der Mond ist zu den Wiesen unterwegs;
den Blumen fließt der Duft herab wie Tränen.
Über den heimgefallenen Fontänen
stehn noch die kühlen Spuren ihres Spieles
in nächtiger Luft.

Verzeichnis der Texte und Druckvorlagen

Die Texte der vorliegenden Ausgabe folgen – unter behutsamer Angleichung an die neue Rechtschreibung – den hier verzeichneten Editionen; in den Textnachweisen werden sie jeweils mit den angegebenen Titelsiglen abgekürzt zitiert. Die mit * versehenen Überschriften wurden vom Verlag formuliert.

DZF Rainer Maria Rilke: Dir zur Feier. Eine Liebeserklärung. Stuttgart: Reclam, 2021.

GW Rainer Maria Rilke: Gesammelte Werke. Hrsg. von Annemarie Post-Martens und Gunter Martens. Stuttgart: Reclam, 2015.

G Rainer Maria Rilke: Gedichte. Ausgew. und mit einem Nachwort von Dietrich Bode. Stuttgart: Reclam, 2012.

FG Rainer Maria Rilke: Fünfzig Gedichte. Ausgew. von Dietrich Bode. Stuttgart: Reclam, 2019.

BW Rainer Maria Rilke / Katharina Kippenberg: Briefwechsel. Hrsg. von Bettina von Bomhard. Wiesbaden: Insel Verlag, 1954.

BDB Rainer Maria Rilke: Das Buch der Bilder. Hrsg. von Ulrich Hohoff. Stuttgart: Reclam, 2022.

AM Rainer Maria Rilke: Die Aufzeichnungen des Malte Laurids Brigge. Hrsg. und komm. von Manfred Engel. Stuttgart: Reclam, 2014.

DSG Rainer Maria Rilke: Die schönsten Gedichte. Ausgew. von Luise Marohn. Mit einem Nachwort von Dietrich Bode. Stuttgart: Reclam, 2021.

Frühlingsgefühle mit Rilke

7 DZF 14 | 8 AM 58 | 8 GW 152 | 9 DZF 9

Winterhauch und Frühlingslicht

11 GW 847 f. | 13 G 225 | 14 FG 18 | 15 G 252 | 16 DZF 17 | 17 GW 449 f. | 19 GW 825 | 20 G 71 f.

Erwachen und Erblühen

21 G 14 | 23 DZF 30 | 24 DZF 31 | 25 DZF 49 | 26 DZF 54 | 27 G 254 | 28 G 255 | 29 G 150–152 | 31 G 114 | 32 G 249 f. | 33 G 19 f. | 34 G 18 | 35 GW 804 | 36* AM 58 | 38 GW 849 | 39 G 117 f. | 40* BW G 254 | 41 G 49 | 42 G 222

Blüten der Liebe

43 DZF 15 | 45 GW 847 | 46 DZF 12 | 47 DZF 14 | 48 G 258 | 49 GW 835 f. | 51 G 97 | 52 BDB 88 | 53 G 95 | 54 G 255 f. |

Entstehen und Vergehen

55 G 257 | 57 AM 237 f. | 58 DZF 53 | 59 G 238–240 | 62 G 243 | 63* AM 195 | 65 GW 439 | 68 G 133–135 | 70 GW 103–105 | 72 G 234 f. | 74* G 215

Frühlingsträume und Frühlingsgeschichten

73 DZF 44 | 75 DZF 47 | 76 G 267 f. | 78 BDB 151 f. | 80* AM 172–175 | 84 GW 92 | 85* GW 152 | 86 G 19